AF226378

NOTICE

SUR

LA VIE ET LES TRAVAUX

DE L'ABBÉ

JEAN LABOUDERIE

MEMBRE HONORAIRE

DE LA SOCIÉTÉ DES ANTIQUAIRES DE FRANCE

lue à la séance du 19 novembre 1850

PAR M. GILBERT

Membre résidant

Extrait de l'Annuaire de la Société des Antiquaires de France, pour 1851

PARIS

DE L'IMPRIMERIE DE CRAPELET

RUE DE VAUGIRARD, 9

1851

NOTICE
SUR LA VIE ET LES TRAVAUX
DE L'ABBÉ
JEAN LABOUDERIE,
MEMBRE HONORAIRE
DE LA SOCIÉTÉ DES ANTIQUAIRES DE FRANCE.

MESSIEURS,

Depuis plusieurs années, les rangs se sont éclaircis parmi nous, de manière à renouveler bien des fois notre douleur. C'est ainsi que nous avons eu successivement à déplorer la mort de MM. Allou, Jollois, Berriat Saint-Prix, Crapelet, Rey, Jorand et Bottée de Toulmon, nos savants coopérateurs dans l'œuvre de nos Mémoires, où ils ont déposé, tour à tour, le fruit de leurs veilles, et de leurs patientes recherches. La perte que nous avons faite dans la personne de l'abbé Labouderie, non moins sensible, nous a affectés des mêmes regrets. Vous avez bien voulu, Messieurs, m'en faire l'interprète en me chargeant de rendre compte des principales circonstances de la vie et des travaux de notre confrère, et je me suis empressé de répondre à votre invitation dans la Notice suivante.

4

*L'*abbé Jean Labouderie, prédicateur distingué, successivement vicaire de la paroisse de Notre-Dame de Paris, chanoine honoraire de Saint-Flour, grand vicaire honoraire d'Avignon, chevalier de Malte, prieur-commissaire général de Saint-Jean de Jérusalem, licencié en droit, membre de la Société des Antiquaires de France, de la Société asiatique, de celle des Bibliophiles français, de la Société philotechnique, de l'Académie de Rouen, de celles de Dijon, de Clermont-Ferrand et autres, naquit à Chalinargues, gros bourg de la Haute-Auvergne, diocèse de Saint-Flour, département du Cantal, le 13 février 1776. Il entra au séminaire à l'âge de sept ans, et sa haute intelligence lui assura toujours le premier rang dans ses classes. Professeur à dix-huit ans dans le même séminaire, il entra en fonctions dans l'état ecclésiastique immédiatement après son ordination, et fut envoyé à La Ferrière en Bourbonnais (Allier). La tourmente révolutionnaire de 1793 le força bientôt de quitter cette localité, et de se réfugier dans son bourg natal, chez son père, où il passa tout le temps de la Terreur. Mais aussitôt que le calme et la tranquillité furent rétablis, M. Labouderie reprit les fonctions ecclésiastiques, sollicita et obtint de l'autorité l'ouverture de l'église de Chalinargues, sa paroisse natale. Le concordat de 1801 ayant rétabli le siége de Saint-Flour, la réputation naissante de l'abbé Labouderie le fit appeler par le nouvel évêque pour l'aider dans l'organisation de son diocèse, sur lequel il lui donna tous les renseignements nécessaires. Peu de temps après, l'abbé Labouderie fut envoyé en qualité de vicaire dans la petite ville de Langeac, où il sut se faire aimer par la douceur de son caractère, l'aménité de ses mœurs aussi bien que par la manière avec laquelle il enseignait et pratiquait la religion. Doué d'une imagination vive et pénétrante, d'une grande facilité, ayant un extrême désir de s'instruire et d'augmenter, par le commerce des lettres, l'étendue de ses connaissances, et ne pouvant dans une petite ville satisfaire, à cet égard, sa noble ambition, il conçut le projet de venir à Paris. Mais, pour l'accomplir, il lui fallait l'autorisation de son évêque, exprimée par ce qu'on nomme *exeat*. Il eut beaucoup de peine à l'obtenir : l'évêque de Saint-Flour connaissant sa haute capacité voulait le retenir ; mais, après de longues sollicitations, il lui accorda ce qu'il demandait. Arrivé à Paris, en 1804, l'abbé Labouderie fut attaché pendant quelque temps en qualité de prêtre habitué à l'église de Saint-Louis Saint-Paul, rue Saint-Antoine.

Faisant tourner au profit de son instruction les intervalles que lui laissaient les fonctions sacerdotales, l'abbé Labouderie les consacra pendant plusieurs années à l'étude, en suivant les cours de l'École de droit, et en assistant régulièrement à ceux du Collége de France, où il apprit l'hébreu, le syriaque, le chaldéen, le grec, et d'autres langues mortes. Tout en se livrant avec une grande activité à l'étude de ces langues, il mit un égal zèle à apprendre les langues modernes, telles que l'anglais, l'italien, l'espagnol, moins pour les parler que pour se les rendre familières dans l'intérêt de ses travaux littéraires.

Les connaissances que l'abbé Labouderie avait acquises dans les langues orientales, lui ouvrirent les portes d'un grand nombre de sociétés savantes de Paris, de différentes villes de France et de l'étranger. Cette affiliation le mit en correspondance avec tous les savants des diverses sociétés dont il faisait partie. Il était l'un des membres les plus actifs de la Société des Antiquaires, occupant souvent le fauteuil de la présidence, ou apportant le concours de ses lumières, soit dans les bureaux, soit dans les commissions. Ses relations dans le monde étaient des plus distinguées. La plupart des hommes de grande réputation eurent des entretiens scientifiques avec lui.

En 1811, l'abbé Labouderie fut nommé vicaire de la paroisse de Notre-Dame, et c'est en cette qualité qu'il fut chargé du pénible ministère d'accompagner les condamnés au supplice pour l'administration des secours de la religion. Le mardi de Pâques 20 mars 1815, qui fut le jour de l'arrivée de Bonaparte à Paris venant de l'île d'Elbe, l'abbé Labouderie accompagna à l'échafaud le féroce Dautun, condamné à mort pour avoir assassiné son frère, l'avoir coupé en morceaux et en avoir disséminé les lambeaux dans divers quartiers de Paris. Ce jour-là l'affluence était innombrable. A la sortie de la Conciergerie, la populace se mit à crier en désignant l'abbé Labouderie : « A bas la calotte! guillotinez ce royaliste! » Ce n'est pas la seule fois que cet honorable prêtre s'est vu exposé aux insultes de la populace, à laquelle il en imposa par sa fermeté et son sang-froid. Peu après, il refusa le serment à l'acte additionnel de la Constitution, et donna des preuves incontestables d'une courageuse fidélité aux Bourbons. Ce fut pendant les cent jours de 1815 qu'il publia un petit écrit intitulé: *Adresse aux Parisiens par un ami de l'ordre et de la paix.* Timide dans ses relations journalières avec la société, il était indomptable et impétueux au moment du danger. En contact souvent avec le monde, il en étudia les travers, sut acquérir une profonde connaissance du cœur humain, et en profita pour le diriger constamment dans la voie du bien.

L'abbé Labouderie fut reçu membre de la Société des Antiquaires le 9 octobre 1823, et assista avec une louable régularité à ses séances.

Connaissant et exerçant en grand la religion, dégagée de toutes les pratiques puériles ou superstitieuses, il était orthodoxe sans cesser d'être modéré ; sévère pour lui-même, indulgent pour les autres, il enseigna l'Évangile tel qu'il sortit de la bouche du divin législateur. C'est ainsi qu'il ramena au catholicisme une foule d'incrédules et convertit un grand nombre de juifs et de protestants.

Pendant un grand nombre d'années, M. Labouderie monta dans presque toutes les chaires de Paris et y fit entendre avec succès la parole de Dieu. Mais le triomphe de son éloquence, comme orateur, fut le panégyrique de saint Louis, roi de France, qu'il prononça le 25 août 1824, devant les membres de l'Académie française, dans l'église de Saint-Germain l'Auxerrois. Tous les journaux de l'époque en rendirent compte et retentirent d'éloges sur l'impression qu'il produisit sur l'illustre auditoire.

Les travaux habituels de l'abbé Labouderie consistaient dans l'élucubration d'un grand nombre de rapports, comptes rendus et discours pour les diverses sociétés dont il était membre. Néanmoins, ses principales occupations avaient pour objet les devoirs de son état, auxquels il vouait préférablement ses veilles. C'est à cette grande contention d'esprit que nous devons le *Christianisme de Montaigne*, ouvrage d'une profonde érudition qui, après avoir été l'objet d'une publication spéciale, fut réimprimé dans une collection d'ouvrages sur la même matière, publiée par l'abbé Migne.

La Société des Antiquaires de France, dont il était l'un des membres les plus laborieux et les plus zélés, doit à l'abbé Laboudrie beaucoup de rapports sur différentes recherches des antiquités nationales qui ont été lus dans nos séances, et imprimés dans nos Mémoires. On a encore de lui des Dissertations sur les idiomes des différents dialectes du moyen âge, sur les patois de l'Auvergne, dont il s'occupa beaucoup. Il laisse en manuscrit des travaux savants sur cette province. Il a fourni un grand nombre d'articles sur plusieurs hommes célèbres, insérés dans quelques collections biographiques, telles que celle de Michaud, *l'Encyclopédie moderne*, *l'Encyclopédie des gens du monde*. La nouvelle édition de *l'Art de vérifier les dates*, etc., etc., par Saint-Allais, doit à cet érudit la *Chronologie historique des papes*. Il a également publié une foule de Notices en tête des éditions de divers auteurs, tels que Fénelon, Fléchier, Bourdaloue, Boileau, Beauzée, La Harpe, Mably, Condillac, l'abbé de Montesquiou et autres personnages illustres. A des connaissances fort étendues dans les matières religieuses, en histoire, en littérature et en philologie, l'abbé Laboudrie joignait la science même des livres; il les aimait avec passion, et à force de soins il parvint à former une nombreuse bibliothèque, distinguée par le choix et la rareté des éditions.

L'abbé Laboudrie coopéra, par son intervention

auprès de M. l'abbé de Montesquiou, alors ministre de l'Intérieur, à faire obtenir à la Société des Antiquaires le titre de Société royale, qui lui fut accordé par une ordonnance royale du 4 juillet 1829.

Tant de talents et de lumières, acquis par de longues et de patientes études, avaient élevé l'abbé Labouderie à une haute réputation. Qui pourrait croire qu'une existence si utilement et si laborieusement partagée entre les devoirs du sacerdoce et la culture des lettres, soit restée sans récompenses ? Lorsqu'on voit tant de médiocrités, tant de réputations usurpées, rémunérées largement, on est indigné que ce respectable et savant ecclésiastique ait été si dédaigné et si maltraité par la fortune ! Les dignités, qui n'eussent été qu'une juste récompense de son mérite, lui manquèrent, et il n'éprouva à cet égard que des déceptions, qui portèrent une grave atteinte à sa santé. Plusieurs fois l'abbé Labouderie fut présenté pour être nommé à des évêchés vacants, et toujours l'influence du parti ultra-montain vint mettre obstacle à son avancement. Une ordonnance portant sa nomination à l'évêché de Beauvais avait été rédigée, présentée à la signature et annoncée au digne abbé; mais l'influence du même parti, puissant alors et fort accrédité, parvint à empêcher cette ordonnance d'être signée. Des présentations du même genre eurent lieu à l'occasion de plusieurs autres siéges vacants, et notamment pour celui d'Avignon, où il fut demandé par les autorités locales; mais toujours les mêmes obstacles firent échouer le bon vouloir de ses amis. Sans doute le motif pour lequel le parti jésuitique le persécuta avec tant d'acharnement fut l'origine même à laquelle il devait les ordres sacrés; il avait reçu, en effet, l'ordination, à l'âge de dix-huit ans, d'un évêque constitutionnel, et de là les préventions qu'une partie du clergé avait contre lui : préventions, il faut le reconnaître, que l'abbé Labouderie s'est toujours efforcé d'atténuer par sa conduite. Nous rappellerons, entre autres, les efforts qu'il fit pour ramener à la soumission au saint-siége M. Sermet, ancien évêque constitutionnel de Toulouse, qui mourut à Paris, et la controverse qu'il eut, à cette occasion, avec l'évêque Grégoire.

L''abbé Labouderie fut aigri par tant de tracasseries; se voyant victime d'une persécution dont ses mœurs et sa conduite irréprochable auraient dû le mettre à l'abri, il en conçut tant de chagrin, qu'il eut, le 15 janvier 1838, une attaque d'apoplexie et de paralysie qui le priva tout à coup de ses facultés intellectuelles, pour ne laisser à leur place qu'une existence matérielle dans laquelle il languit pendant onze ans. La mort le délivra enfin de cette pénible existence le 2 mai 1849, à l'âge de soixante-treize ans.

Je ne terminerai pas cette notice biographique sur le digne et respectable confrère que nous regrettons, sans payer un juste tribut d'éloges au généreux dévouement de M. Dellac, avocat, son ami et son compatriote, qui a presque toujours vécu avec lui, et qui pendant les onze années que M. l'abbé Labouderie fut paralysé, lui prodigua tous les soins que nécessitait sa triste position.

Le quartier de la Cité, qu'habitait notre confrère, a été témoin de cette touchante sollicitude, lorsque pendant toute la durée de la belle saison, M. Dellac descendait son ami dans ses bras pour le promener dans une petite voiture, et lui faire respirer un air plus pur et plus salubre.

LISTE DES TRAVAUX LITTÉRAIRES
DE L'ABBÉ LABOUDERIE [1].

1. Pensées théologiques. Clermont-Ferrand, impr. de Denys Limet, 1801, in-8°.
2. Précis de la Vie de M. Renaud. Paris, 1807, in-8°.
3. Supplément à l'Oraison funèbre de M. Sermet par M. Grégoire, ancien évêque de Blois. Paris, 1809, in-8°.
4. Un mot sur la Constitution, par un vicaire de Paris. Paris, Moronval, 1814, in-8° de 16 pages.
5. Fragments d'un discours prononcé à Notre-Dame le jour de l'Assomption. 1814, in-8°.
6. Adresse aux Parisiens, par un ami de l'ordre et de la

[1] Indépendamment des notes qui ont servi à la rédaction de cette Notice, nous devons à M. Dellac des renseignements précieux sur les travaux de l'abbé Labouderie.

paix. Paris, impr. de Moronval; décembre 1815, in-8°
de 8 pages.

7. Discours prononcé à Notre-Dame le 14 juin 1815, à
l'occasion du baptême de D. J. B. Lévy, juif converti.
Paris, imp. d'Ange Clo, 1815, in-8°.

8. Oraison funèbre de M. de Laroue, archiprêtre de
Notre-Dame, prononcée le 15 octobre 1815. Paris,
Moronval, 1815; in-8° de 16 pages.

9. Discours pour la profession de Mmes Sainte-Gertrude,
Saint-Benoît, l'Ange-Gardien, religieuses hospita-
lières de Saint-Augustin, prononcé à l'Hôtel-Dieu de
Paris, le 4 novembre 1816. Paris, imp. de Demonville, 1816, in-8° de 28 pages.

10. Discours prononcé à Notre-Dame le 7 mars 1817, à
l'occasion du baptême, de la première communion et
du mariage du sieur Alph.-J.-Sébast.-L. Jacob, juif
converti. Paris, Demonville, 1817, in-8° de 32 pages.

11. Discours prononcé dans la chapelle du collége royal
des Ecossais, pour l'abjuration de Jean-Jacques-Fré-
déric Bohenke, le dimanche 11 mai 1817. Paris, Demonville, 1817, in-8° de 22 pages.

12. Discours prononcé pour l'abjuration de Mme Louise-
Françoise C***, dans la chapelle du collége des Ecossais, le 19 juin 1817. Paris, Demonville, 1817, in-8°
de 24 pages.

13. Discours prononcé dans la chapelle du collége royal
des Ecossais, pour l'abjuration de J. F. B., calviniste,
du canton de Vaud. Paris, Th. Leclerc, 1817, in-8° de
16 pages.

14. Précis historique du méthodisme, suivi d'un discours prononcé à l'abjuration d'un méthodiste irlan-
dais. Paris, Th. Leclerc, 1817, in-8° de 72 pages.

15. Considérations adressées aux aspirants au ministère

de l'église de Genève , faisant suite aux considérations de M. Empaytaz sur la divinité de Jésus-Christ. Paris, Th. Leclerc, 1817, in-8º de 60 pages.

16. Discours prononcé pour le baptême d'Ange-Alex.-Bern. J. Mayer, juif converti, prononcé à Saint Nicolas du Chardonnet, le 23 avril 1818. Paris, Demonville, Th. Leclerc, 1818, in-8º de 20 pages.

17. Discours pour le baptême de Jos.-Mar. L. J. Wolf, juif converti, prononcé à Saint-Eustache le 23 mai 1818. Paris, Demonville, 1818, in-8° de 20 pages.

18. Discours pour l'abjuration de Joachim-David Voigtin, luthérien. Paris, Th. Leclerc, 1818, in-8°.

19. Discours prononcé au baptême de P. R. J. Valh, juif converti, dans la chapelle du collége des Ecossais, le 12 novembre 1818. Paris, Th. Leclerc, 1818, in-8º.

20. Discours pour le baptême de Annah et Louise Vahl, prononcé à Saint-Germain l'Auxerrois, le 24 mars 1819. Paris, 1819, in-8°.

21. Le Christianisme de Montaigne, ou Pensées de ce grand homme sur la religion. Paris, Demonville, Th. Leclerc, 1819, in-8°.

22. Vies des saints. Paris, 1820, trois parties in-24, avec figures en bois.

23. Lettres de M. de Saint-Martin , évêque de Caradre, vicaire apostolique du Sutchaein, à ses père et mère et à son frère, religieux bénédictin, précédées d'une notice biographique, et suivies de notes et d'un essai sur la législation chinoise, par M. Dellac, avocat à la cour royale de Paris. Paris, 1822, in 8°.

24. Notice sur l'abbé de Dienne, chanoine, comte de Brioude, vicaire général de Saint-Flour, missionnaire apostolique au Tong-King. Paris, Th. Leclerc, 1823, in-8° de 32 pages.

25. Lettres inédites de M. de Fénelon, archevêque de Cambray, extraites des archives de Rome, avec deux mémoires, l'un en latin l'autre en français. Paris, Th. Leclerc, 1823, in-8° de 152 pages.

26. Notice sur Fénelon. Paris, Firmin Didot, 1823, in-4° de 28 pages.

27. Notice sur Boileau-Despréaux. Paris, Firmin Didot, 1823, in-4° de 14 pages.

28. Imitation de Jésus–Christ, par Beauzée, avec une notice historique et des notes explicatives. Paris, Rignoux, 1823, 1 vol. in-8°.

29. Lettre d'un théologien catholique à MM. les rédacteurs des Tablettes du Clergé. Paris, Demonville, 1824, in-8°.

30. Le Psautier, trad. par La Harpe, avec une notice historique et des notes explicatives. Paris, Rignoux, 1824, 4 volumes in-8°.

31. Notice sur Pierre Alphonse et sur ses ouvrages, suivie du *Disciplina Clericalis*, et de la traduction en français. Paris, Rignoux, 1824, in-8°.

32. La Fête du Marrabe noir et autres pièces pour la société des bibliophiles français. Paris, Firmin Didot, 1824, in-8°.

33. Notice sur Mably. Paris, Firmin Didot, 1824, in-4° de 12 pages.

34. Notice sur Condillac. Paris, Firmin Didot, 1824 in-4° de 18 pages.

35. Notice sur Fléchier. Paris, Firmin Didot, 1824, in-4° de 18 pages.

36. Panégyrique de saint Louis, roi de France, prononcé le 25 août 1824 devant MM. de l'Académie française dans l'église de Saint-Germain l'Auxerrois. Paris, imp. de Rignoux, 1824, in-8° de 56 pages.

37. Notice sur Bourdaloue, suivie de pièces inédites. Paris, Gauthier frères, 1825, in-8° de 44 pages. — Imprimée aussi en tête de l'édition de Bourdaloue, in-8°, publiée par le même libraire.

38. Notice historique sur Dom Mabillon. Paris, vers 1825, in-8°.

39. Règle générale de la foi catholique, par François Véron, avec une notice sur la vie et les ouvrages de Véron, dédiée à M. de Maurel de Mons, archevêque d'Avignon. Paris, Gauthier frères, 1825, 8 vol. in-12.

40. Aphorismata opposita aphorismatibus in quatuor articulos declarationis anno 1682 editæ, auctore J. L. Paris, Moutardier, 1826, in-8° de 8 pages.

41. Sermon de François–Olivier Maillard, presché à Bruges en 1500, et autres pièces du même auteur, avec une notice. Paris, Farcy, 1826, in-8° Tiré à deux cents exemplaires.

42. L'art de vérifier les dates, Chronologie historique des papes et chronologie historique de l'Ordre de Malte. Paris, Denain, 1826, in-8°.

43. La religion chrétienne autorisée par le témoignage des anciens auteurs païens, par le père Colonia, 2e édit., revue et précédée d'une notice historique de 71 pages. Paris et Besançon, les frères Gauthier, 1826, 1 vol. in-8°.

44. Lettre de Saint-Vincent de Paul au cardinal de La Rochefoucault sur l'état de dépravation de l'abbaye de Longchamps, en latin, avec la traduction française et des notes. Paris, Moutardier, 1827, in-8° de 23 pages.

45 Notice historique sur Saint-Vincent de Paul. Paris, Michaud, 1827, in-8° de 23 pages

46. Discours prononcé au mariage de M. le vicomte de Portalis et de Mlle Adrienne Mounier, dans la chapelle

de la Chambre des Pairs au Luxembourg, le 11 décembre 1828. Paris, 1828, in-8°.

47. Discours prononcé au mariage de M. le comte de Rémusat et de Mlle de Lasteyrie du Saillant dans l'église de l'Assomption, le 18 août 1828. Paris, 1828, in-8°.

48. Notice historique sur Zwingli. Paris, Michaud, 1828, in-8° de 16 pages.

49. Lettres de Piron à Hugues Maret, de Dijon. Paris, Didot, 1828, in-8° de 8 pages.

50. Ordres religieux. Paris, 1829 à 1830. (Gazette des cultes, de 1829 et 1830.)

51. Discours prononcé au mariage de M. le comte Anglès et de Mlle Albertine Mounier, dans la chapelle de la Chambre des Pairs, le 4 septembre 1830. Paris, 1830, in-8°.

52. Vocabulaire du patois usité sur la rive gauche de l'Allagnon, depuis Murat jusqu'à Molompise. (Mémoires de la Société des Antiquaires de France, tome XII, page 338.)

53. Une suite d'articles dans le Journal des Paroisses. Paris, 1830 et années suivantes, in-8°. Sur l'explication du mot de messe, etc., la prédication, le schisme.

54. Discours prononcé au mariage de M. Francisque de Coralles et de Mlle Mélanie de Lasteyrie du Saillant, dans l'église de l'Assomption, le 22 septembre 1831, in-8°.

55. Sermons de frère Michel Ménot sur la Madeleine, avec une notice et des notes. Paris, Fournier jeune, 1832, in-8°. Tiré à deux cents exemplaires.

56. Un grand nombre d'articles dans l'Encyclopédie des gens du monde. Paris, 1833, in-8°.

57. Notice historique sur M. Ledru. Paris, 1833, in-8°.

58. Rapport sur le Sibbub H'olam (Tour du monde).
Paris, 1834, in 8°.

59. Nouveau Journal des Paroisses. Paris, 1834, in-8°.

60. Discours prononcé au congrès historique européen
tenu à l'Hôtel de Ville de Paris, à la séance du 15 décembre 1835, sur cette question : *Déterminer le caractère de la langue française aux* XIe *et* XIIe *siècles.*
Paris, 1835, in-8°.

61. Rapport fait à la Société des Antiquaires de France
sur la Bible de Cahen, tomes IV, V et VI. Paris, 1835,
in-8°.

62. Rapport fait au congrès historique européen, tenu à
l'Hôtel de Ville, le 2 décembre 1835, sur cette question : *La propriété défendue contre les papes, d'abord
par les frères mineurs, ensuite par les premiers réformateurs ; et les grandes discussions sur l'usure et sur
l'anatocisme , mues plus tard entre les théologiens ca-
tholiques , n'impliquent-elles pas au fond le problème
proposé depuis quarante ans à l'économie politique ?
Faire l'histoire de ce problème depuis Jean XXII jusqu'à
ce jour.* Paris, 1836, in-8°.

63. Discours sur la propriété des franciscains, au congrès
historique européen réuni à Paris. Paris, 1836, in-8°.

64. Notice historique sur l'abbé de Montesquiou. Paris,
1836, in-8°.

65. Dissertation religieuse sur Robinson Crusoé. Paris,
1836, in-8°. (Extrait de l'édition de *Robinson Crusoé,*
traduit par *Pétrus Borel.*)

Comme nous l'avons dit, l'abbé Labouderie a
coopéré à plusieurs publications importantes, telles
que la *Biographie universelle*, où il a fourni plus
de cinq cents articles de personnages de l'Ancien et

du Nouveau Testament, d'écrivains ecclésiastiques, d'hébraïsants, de rabbins, de réformateurs et de divers savants.

Dans le VIᵉ volume des Mémoires de la Société des Antiquaires, l'abbé Labouderie a fait insérer le livre de Ruth en hébreu et en patois auvergnat, ainsi que la parabole de l'Enfant prodigue.

L'Encyclopédie moderne de M. Courtin contient les articles DIEU, ORDRES RELIGIEUX, PRÉDICATION, PROVIDENCE, RELIQUES, SCHISMES, TRADITIONS qui ont été imprimés séparément, dont quelques-uns sont très-étendus.

M. l'abbé Labouderie a laissé en manuscrit des sermons qui contiennent un Avent et le Carême complet, et plusieurs autres manuscrits imparfaits pour divers ouvrages, parmi lesquels je citerai une *Histoire de Jean Gerson et du grand schisme d'Occident*, ainsi que l'*Histoire de l'Église d'Auvergne*. Il a fourni et rédigé en société avec MM. Taylor et Charles Nodier le texte du *Voyage pittoresque de l'ancienne province d'Auvergne*, 3 volumes grand in-fol., faisant partie du *Voyage pittoresque de l'ancienne France*, par les deux derniers auteurs.